Yours euer
Marie Ward.

Das erste Wort, 1. Tafel des sog. Gemalten Lebens, 17. Jh., Institut Augsburg

Nach einem weiteren kurzen Aufenthalt bei den Eltern brachte Marmaduke Ward seine Älteste für fünf oder sechs Jahre nach Osgodby zu der Familie Babthorpe, 12 km südlich von York. Mit der Verbringung der Tochter zu verwandten Familien folgte der Vater den Gepflogenheiten seiner Zeit. Die Eltern verbanden gerade mit dem Aufenthalt in Osgodby die Hoffnung, Maria werde sich zu einer Heirat entschließen, nachdem sie schon einige Angebote abgelehnt hatte, weil sie keine Neigung empfand, wie sie schrieb. In Osgodby hörte sie von Klöstern erzählen. In England selbst gab es nach der Trennung von Rom keine geistlichen Häuser mehr. Die Schilderung eines solch strengen Lebens machte großen Eindruck auf die Fünfzehnjährige. Sie fühlte sich zum Ordensstand berufen. Rasch stand der Entschluß fest, das strengste Kloster zu wählen. Sie wußte, daß damit der Abschied von der Heimat verbunden war. Auf diesen Schritt bereitete sie sich durch Übungen der Askese und der Frömmigkeit vor. Lange hielt sie ihr Vorhaben geheim; denn sie war in ihrer Jugend scheu und schüchtern. Die Lebensweise in Osgodby, die mit einem Kloster zu vergleichen war, half ihrem Vorhaben. Schließlich erreichte sie dort ein ernster Heiratsantrag, den die Eltern und auch der Beichtvater unter-

Maria hört in Osgodby Erzählungen über Klöster, 9. Tafel des sog. Gemalten Lebens, 17. Jh., Institut Augsburg

stützten. Katholische Familien waren ja die Hilfe für die Zukunft des Glaubens in England. Aber Maria blieb bei ihrem Vorhaben und nahm ihre Zuflucht zu Gott; ihr Gebet wurde erhört. Die Familie ließ sie ziehen.
Was brachte sie mit in ihr neues Leben? Die Festigkeit einer Frau aus Yorkshire, einen starken Glauben, die Erfahrungen der Anpassung, die sie in den verschiedenen Familien gemacht hatte, und ein ausgeprägtes Gefühl für die Verantwortung, die der Mensch für sein Leben hat.

Die Klarissenzeit

Schon auf der Reise über den Kanal wurde Maria unsicher. Welches Kloster sollte sie wählen? Schließlich kam sie in ein fremdes Land, dessen Sprache sie nicht beherrschte; Saint-Omer war eine Kleinstadt in den Spanischen Niederlanden, ca. 30 km von Calais entfernt. Ihr erster Weg führte in das Seminar der englischen Jesuiten. Ein Pater suchte sie zum Eintritt als Laienschwester bei den wallonischen Klarissen zu bewegen, da dort für Chorfrauen kein Platz mehr frei war. Maria wollte dem Plan zunächst nicht zustimmen, sie fürchtete sich vor den vielen Zerstreuungen eines solchen Lebens. Aber der

Pater sagte ihr, dies sei der Wille Gottes. Das Wort des Paters schlug bei ihr ein; denn sie wollte nichts anderes als den Willen Gottes erfüllen. Das war und blieb die Ausrichtung für ihr ganzes Leben. Deshalb trat sie als Novizin in dem Kloster nahe der Kirche St. Sépulchre ein.
Die mühsamen neun oder zehn Monate endeten mit einer Visitation durch den Generalvisitator der Franziskaner, der ihr mitteilte, sie sei für diese klösterliche Lebensweise nicht geeignet. Als sie sich von den Schwestern trennte, stand bereits ihre Absicht fest, ein Klarissenkloster für Engländerinnen zu gründen. Das gelang der jungen Frau, die nun ihre frühere Schüchternheit abgelegt hatte. Sie verhandelte mit den Fürsten in Brüssel, mit Bischöfen und Magistraten. Ihre Gründung war keine Illusion; ihr Konvent besteht heute noch in Darlington, Yorkshire, nachdem die englischen Klarissen zur Zeit der Französischen Revolution in die Heimat übersiedelt waren.
In der eigenen Gründung glaubte sich die Postulantin endlich am Ziel ihres Suchens. Aufkommende Zweifel tat sie als Versuchungen ab. Am 2. Mai 1609 aber fühlte sie sich von einer inneren Stimme angerufen, „etwas anderes" zu tun, nicht im Orden der heiligen Klara zu bleiben. Was das andere sei, wußte sie nicht. So wurde sie ins Dunkel geschickt, besonders da von Seiten der Äbtissin und des Beichtvaters jedes Verständnis fehlte und man sie zu rigorosen Bußen verpflichtete. Doch ihr Erlebnis war so stark, daß sie sich der empfangenen Weisung trotz aller Widerstände verpflichtet wußte.
Im September 1609 verließ sie ihre Gründung und ging gemäß einer Vereinbarung mit ihrem Beichtvater für einige Monate nach England. In London suchte sie den „Seelen zu helfen", bereitete, wo es möglich war, die Leute auf den Empfang der Sakramente vor, stand Kranken bei, sorgte dafür, daß Priester im Verborgenen die Sakramente spendeten. Alles mußte unauffällig geschehen. Wieder kam ein inneres Erlebnis über sie. Sie erhielt die Gewißheit, daß das, was für sie bestimmt sei, zur Verherrlichung Gottes gereiche; aber sie sollte nicht Karmelitin werden, wie der Beichtvater in St.-Omer ihr vorgeschlagen hatte.

Auf dem Weg zum eigenen Werk

In London schlossen sich Gefährtinnen der mutigen jungen Frau an. Mit ihnen kehrte sie 1609/10 nach St.-Omer zurück. Das Haus, das sie dort kauften, stand in der Rue Grosse, heute Carnot, an der Ecke zur Rue des Bleuets, der Kornblumenstraße. Der Brüsseler Nuntius traf 1611 bei seinem Besuch zehn Engländerinnen an, die sich der Erziehung der ihnen anvertrauten englischen Mädchen widmeten.

Maria sorgt sich in England um eine Kranke, Detail aus der 17. Tafel des sog. Gemalten Lebens, 17. Jh., Institut Augsburg

Gegen Ende dieses Jahres erfuhr Maria, wieder in einer inneren Ansprache, daß sie ihre Gemeinschaft nach der Lebensweise der Jesuiten einrichten sollte: „Nimm das Gleiche von der Gesellschaft Jesu", so verstand sie die Weisung, die sie auch in den größten Schwierigkeiten ihres Lebens niemals anzweifelte. Das also war „das andere". Damit war aber auch der Auftakt gegeben zu dem großen Schicksal ihres Lebens. Widerstand kam zunächst von den Patres der Gesellschaft Jesu, denen das Vorhaben der Engländerinnen mißfiel. Auch der Pater General wollte von weiblichen Jesuitinnen nichts wissen. Die Gesellschaft Jesu, die so großen Einfluß gewonnen hatte durch ihre zahlreichen Kollegien und Missionsarbeiten, hatte auch viele Feinde. Diese vermuteten in Maria Wards Gründung einen Hilfstrupp der Jesuiten; die Vorsicht vor den Frauen verstärkte sich dadurch in der Gesellschaft Jesu. So kam Marias Institut in eine Grabensituation zwischen Jesuiten und Jesuitenfeinden, was sich auch in den römischen Jahren bemerkbar machte. Die englischen Gesandten in Brüssel hatten als Hauptaufgabe, die Exil-Engländer in den Spanischen Niederlanden nicht aus den Augen zu verlieren und Mitteilungen nach London weiterzugeben. Damit waren auch Maria und ihre Gefährtinnen betroffen. Man kann sagen: den Zeitgenossen erschien das ganze Vorhaben dieser Frau als zu große Neuerung, vor allem, weil die Schwestern die Klausurgesetze nicht annehmen wollten.

Maria Wards Institut

Es war erst ein kleiner Beginn in Saint-Omer; die Gründerin ahnte kaum, was ihr bevorstand. Sie hatte nicht vor, ein weltweites Institut zu gründen, sondern dachte zunächst nur an die Glaubenshilfe in der Heimat und an die Heranbildung englischer Mädchen zu katholischen Frauen. Aber ihr Weg führte rasch weiter. Für die Aufgabe war damals keine Schulung zugänglich. Maria hatte prächtige Gefährtinnen, aber es fehlte an der nötigen Ausbildung. Dies bedrängte die Gründerin. Sie verglich ihre Situation mit den Jesuiten. Von dieser Sorge erfüllt, ging sie im Oktober 1615 in die Exerzitien. Hier fand sie eine Lösung ihrer Probleme: Wenn die Schwestern ihr Tun auf geistliche Tugenden gründeten, wenn sie erst innere Freiheit erreicht hätten, dann würden sie aus der Hand Gottes wahre Weisheit empfangen sowie Tüchtigkeit bei der Erfüllung ihrer Aufgabe.

Auch erkannte Maria, daß die straffe Organisation des Jesuitenordens eine der Ursachen für die Wirksamkeit der Patres war. So unternahm sie einen ersten Schritt auf dem Weg zur Organisation ihres Instituts, indem sie von Papst Paul V. die päpstliche Bestätigung für ihre Gemeinschaft erbat. Die Antwort aus Rom vertröstete sie auf spätere Verhandlungen. Zunächst, so der päpstliche Wille, sollte sich die junge Gemeinschaft dem Ordensrecht stärker

Maria mit den ersten Gefährtinnen, Detail aus der 22. Tafel des sog. Gemalten Lebens, 17. Jh., Institut Augsburg

Maria hat Ao: 1609 zu London durch ihren
aüsserbaulichen wandel, vnd eyfrigeß gespräch etliche
Hoch adeliche Freÿlen den Göttlichen Breütigamb
geworben welche den fallstrikhen der welt zu entgehen
mit ihr nacher St. Audomaro gereist unter dero
Direction Gott in jenen geistlichen standt zu dienen
wor zu sie durch ihr exempel angeführet werden:

angleichen. Somit war die Bitte zwar nicht gewährt, aber die Gründerin konnte Hoffnung für ihre nächsten Schritte schöpfen; es wurden große Schritte gemacht: Gründungen in Lüttich, Köln und Trier. Aus diesen Jahren stammen die drei Ansprachen, die in unvollkommener Niederschrift erhalten sind. Ihnen ist zu entnehmen, welch ein großes Anliegen es der Gründerin war, ihre Schwestern zu Urteilsfähigkeit und Standfestigkeit heranzubilden.
Bald darauf kam es zu einer Verwirrung im Lütticher Haus. Ein Teil der Schwestern wollte die übliche Ordensverfassung mit Klausur übernehmen. Es war ja gerade der von Maria Ward eingeführte Verzicht auf die Klausur, an dem sich die Kritik gegen das Institut vor allem entzündete. Wie reagierte Maria in einer solchen Situation? Sie pochte nicht auf ihre Autorität; sie betete und ließ sich in Frage stellen. Die an dem ursprünglichen Konzept zweifelnde Schwester, die sich auf Visionen berief, sollte ihren Institutsplan aufzeichnen, ganz als ob sie die Verantwortung für die Gründung trüge. Maria war bereit, Gottes Willen zu erfüllen. Der Streit legte sich wieder. Ihr Weg ging weiter.

Die ersten römischen Jahre

Schwierigkeiten bedrängten die junge Gemeinschaft von allen Seiten. Auch geriet sie in erhebliche finanzielle Nöte. Nur die Bestätigung des Papstes konnte aus dieser Krise helfen. So verließ Maria Lüttich am 21. Oktober 1621. Sie erreichte Rom am Heiligen Abend. Ohne Furcht und ohne eine vorgefaßte Strategie stellte die Gründerin das Programm des neuen Fraueninstituts Papst Gregor XV. vor. Die Grundausrichtung der Gemeinschaft fiel sofort ins Auge: Weibliche Missionarinnen wollten ohne Klausur ein Werk aufbauen, das der Zustimmung des Papstes teilhaftig werden sollte. Maria selbst ahnte kaum, wie groß das Abenteuer war, auf das sie sich eingelassen hatte. Sie konnte die rechtlichen Schwierigkeiten nicht abschätzen, vor die sie die Kurie stellte. Sie war auch keine diplomatische Person, wenn es darum ging, ihren Auftrag zu erfüllen. Dem Papst gegenüber fühlte sie sich zu voller Offenheit verpflichtet. In den ersten römischen Wochen betrieb sie die Verhandlungen mit Gregor XV. und den Kardinälen in Zuversicht, kam sie doch zum Stellvertreter Christi aus England, dem Land der Verfolgung.
Papst und Kardinäle, auch der Jesuitengeneral, begegneten der tapferen Frau mit Anerkennung und Güte; die als freundlich empfundene Atmosphäre bestärkte ihren Mut. Nun aber trafen die Anklagen des englischen Weltklerus ein, der sich an der Frauengründung auf jesuitischem Boden störte; bedachterweise wurde gerade das Fehlen der Klausur angeprangert, da die Priester sicher sein konnten, damit in Rom gehört zu werden. Für Maria begann eine Wartezeit. Um diese zu nützen und Helfer für ihr römisches Anliegen zu gewinnen, gründete sie mit Erlaubnis der kirchlichen Stellen Schulen in Rom (1622), Neapel (1623) und Perugia (1624). Inzwischen war ein neuer Papst gekommen, Urban VIII. Die Gründerin erlangte im Oktober 1624 eine erste Audienz, die sie mit trüben Ahnungen verließ, „mit wenig Trost für jemand, der nicht seine Hoffnung ganz in Gott gegründet hätte". So schrieb sie ihrer

Gefährtin. Da ein neuer Papst sein Amt antrat, überbrachte der Agent des englischen Weltklerus erneut ein Memorandum gegen die Gemeinschaft, deren Anhängerinnen in Rom nun weiterhin „Jesuitinnen“ genannt wurden, wenngleich sie selbst sich diesen Namen nicht beilegten.

Unterdessen hatte sich die Schule der Maria Ward in Rom gut entwickelt. Wahrscheinlich war es die erste Mädchenelementarschule dieser Art. Hundertfünfzig Kinder gingen aus und ein. Aber das Sorgenpaket wurde nicht leichter. Das Leben im Ausland, der Aufwand für kranke Gefährtinnen, die Miete des Hauses für Niederlassung und Schule überstiegen die finanziellen Möglichkeiten der kleinen Gemeinschaft. Zunächst kam Hilfe von der Erzherzogin Isabella von Brüssel. Wohltäter fanden sich dann in Neapel; immer wieder sandten die Schwestern von Neapel bescheidene Geldsummen an die römische Gemeinde.

Im Jahre 1625 fielen Entscheidungen, die ein Vorspiel für die Jahre der Aufhebung des Ordens 1630/1631 bildeten. Bei einer Audienz hatte Maria Ward Urban VIII. darum gebeten, statt der zahlreichen Mitglieder der Kongregation der Bischöfe und Regularen möge eine kleine Kardinalsgruppe ihr Anliegen behandeln. Der Papst ging darauf ein. Die hierfür bestellten vier Eminenzen aber ließen sich von ihren Vorstellungen über die Notwendigkeit der Klausur und die Beibehaltung der bestehenden Ordnung für das weibliche Ordenswesen nicht abbringen. Das Ergebnis der Verhandlungen war für die Gründerin eine große Enttäuschung. Da das Institut keine Klausur annahm, ordnete Papst Urban VIII. im April 1625 die Schließung der Häuser in Italien an. Die römische Schule wurde im Sommer geschlossen. Das endgültige Ende für das römische Haus kam dann im Dezember 1625. Die Schließung verzögerte sich nicht aus Rücksicht auf die Frauen, sondern wegen der Kriegsgefahr, die 1625 den Kirchenstaat bedrohte. Die Mütter der Schülerinnen wollten vor den Palast des Kardinalvikars und den der Schwägerin des Papstes ziehen, um gegen die Maßnahmen zu protestieren. Doch Maria hielt die Frauen von dieser Demonstration ab, die ohnehin nichts hätte bewirken können.

Wie durchstand Maria das merkwürdige Jubeljahr 1625? Die gedemütigte Frau fand ihre Stärkung im Gebet und vor allem in der eucharistischen Anbetung in den verschiedenen Kirchen der Stadt, in denen das vierzigstündige Gebet begangen wurde. Die erste Biographie und die Bilder des sog. Gemalten Lebens in Augsburg geben darüber Auskunft. Die römischen Jahre von 1622 bis 1625/26 waren Maria Wards Anliegen in Rom nicht förderlich. Zwar registrierte sie, daß ihr Vorhaben von einflußreichen Kreisen hintertrieben wurde, doch war sie sich nicht in vollem Umfang darüber klar, daß unter Urban VIII. keine Bestätigung erfolgen würde. Die Bemühungen der einsamen Frau sind ergreifend. Sie harrte aus, weil sie von ihrer Berufung überzeugt war. Es ging ihr wie jenen Menschen, die vor ein großes Wagnis, eine folgenschwere Entscheidung gestellt sind: der Betreffende sieht selten das Ausmaß der unheilvollen Verkettung und hofft immer noch auf eine günstige Lösung. Das war Maria Wards Lage.

Die Gründungen nördlich der Alpen

In Rom bestand keine Aussicht, ihre Sache voranzubringen. Darum verließ sie Italien, zunächst in der Absicht, ihre Schwestern in den nördlichen Häusern aufzusuchen. Doch ging sie zuerst in München zum Kurfürsten Maximilian I., der ihr die Eröffnung einer Schule in seiner Residenzstadt anbot. Sie nahm an. So kam es zu der bedeutendsten Gründung in Maria Wards Lebzeiten; das Paradeiserhaus in München bedeutete Zukunft für die Gemeinschaft, auch wenn dort unsichere Zeiten zu überstehen waren. Von München ging Maria nach Wien und Preßburg. In fünfzehn Monaten eröffnete sie drei Niederlassungen mit Schulen. In Wien zählte man schon bald 465 Schülerinnen.

Schließlich folgte sie 1628 der Einladung böhmischer Adeliger nach Prag, wo man ihr ein Kolleg und die Rente für 30 Personen in Aussicht gestellt hatte. Auch das apostolische Arbeitsfeld in Böhmen mag sie angezogen haben. Was aber dort geschah, war in seinen Auswirkungen ein wahrer „Prager Fenstersturz". Maria Ward geriet erneut zwischen die Fronten von Jesuiten und Jesuitengegnern. Der Kaiser, Befürworter der Gründung in Prag, hütete sich, Partei zu ergreifen. Die Nuntien beklagten sich in Rom über die vermeintlich gefährliche Frau, die ihr Werk zu energisch vor dem Prager Kardinal verteidigt habe. Die Schreiben verstärkten das Vorurteil bei der römischen Kurie über eine anmaßende Haltung dieser Gründerin, die nördlich der Alpen so großen Erfolg erzielt hatte. Von der Kirche, der sie mit all ihrer Kraft zu helfen bestrebt war, wurde Maria mehr und mehr als Gefahr eingeschätzt. Noch glaubte sie, in den beiden katholischen Fürsten, im Kurfürsten und im Kaiser, zwei kraftvolle Helfer für ihre römische Sache gewonnen zu haben.

Zum zweiten Mal in Rom

In Rom zeigten sich rasch die negativen Folgen der Nachrichten aus Prag und Wien. Im Juli 1628 hatte die Propagandakongregation in Gegenwart des Papstes ein Dekret zur Auflösung der Häuser des Instituts erlassen, da das Fehlen der Klausur dem Ordensrecht widersprach. Maria hörte davon durch mündliche Mitteilungen und Gerüchte. Um ihr Werk zu retten, sah sie keinen anderen Ausweg, als sich nach Rom zu begeben. In krankem Zustand machte sie sich am 2. Januar 1629 von München aus auf den Weg. Als man sie fragte, ob sie glaube, die Reise zu überstehen, antwortete sie, es komme ihr nicht auf die Art ihres Todes an, sondern nur darauf, von Gott treu erfunden zu werden; ob sie lebe oder sterbe, sie diene jedenfalls einem guten Meister. Anfang Februar traf sie krank in Rom ein. Im März konnte sie dem Papst eine lange Bittschrift übersenden. Er empfing sie im Juni in Castelgandolfo.

Maria Ward als Pilgerin, Ölgemälde, 18. Jh., Institut Burghausen ▷

Maria ist Ao. 1621 von
Trier nacher Rom in
pilgramß kleider zu
fueß geraist.

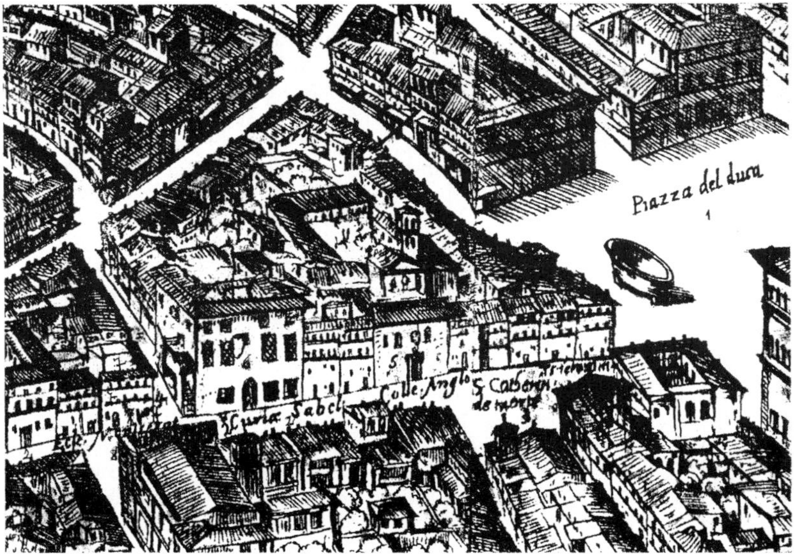

Die Schule der Englischen Fräulein in Rom, nach einem Stadtplan von Antonio Tempesta, 1606

Vergeblich erwartete sie ein eindeutiges päpstliches Bekenntnis zu ihrem Institut. Wahrscheinlich verstand sie auch die vorsichtigen Worte Urbans VIII. nicht, mit denen dieser gewiß auf die problematische Lage ihrer Gemeinschaft hinwies. Sie wurde auch von einer Kardinalskongregation empfangen. Dieses eigentlich außergewöhnliche Verfahren bestärkte die Gründerin in ihrer Auffassung, der Papst habe sein letztes Wort noch nicht gesprochen. Auch vor den Eminenzen erklärte sie die Bereitschaft, ihr Institut aufzugeben, wenn der Papst und die Kardinäle dies für richtig hielten; ändern könne sie es nicht. Die Kardinäle begegneten dieser Frau in Not freundlich und zeigten sich befriedigt. Hielt Maria diese Hochachtung und Liebenswürdigkeit immer noch ihrem Werk zugute?

Die Bedrängnisse häuften sich. Die Not, die ihr von den nördlichen Niederlassungen gemeldet wurde, wie die in ihren Augen ermutigenden Ereignisse der Papstaudienz und des Treffens mit den Kardinälen ließen sie am 6. April 1630 einen verhängnisvollen Brief an die Gefährtinnen im Norden schreiben. Die Schwestern sollten mit aller Höflichkeit möglichen Aufhebungen ihrer Häuser Widerstand leisten; sie sollten wissen, daß diese Maßnahmen nicht vom Papst kämen, sondern das Werk von Gegnern seien. Der Brief brachte den Stein ins Rollen, da er in andere Hände geriet als in jene, für die er bestimmt war.

Maria verließ Rom Ende April, Anfang Mai 1630. Ohne Zweifel ahnte sie vor ihrer Abreise, daß die Schließung ihres Instituts bevorstand, was sie immer noch feindlichen Machenschaften zuschrieb. Was Verleumdungen und falsche Beeinflussungen ausrichten konnten, hatte sie in den vergangenen Jahren reichlich erfahren müssen. Sie beging einen verhängnisvollen Fehler, als sie von München aus auch noch eine Gefährtin in die nördlichen Häuser sandte, mit den gleichen Aufträgen, die im genannten Brief standen.

Die Gefangenschaft im Angerkloster München

Es gingen nun bei der römischen Kurie Berichte aus Lüttich ein, die das Bild von einer Frau, deren Person man bisher Anerkennung entgegengebracht hatte, völlig veränderten. Maria hatte wiederholt ihre Bereitschaft zum Gehorsam erklärt; dies waren keine bloßen Worte, wie die Art der Unterwerfung von 1625 schon beweisen konnte. Plötzlich aber erschien Maria Ward im Lichte der in Rom eingehenden Schreiben des Kölner Nuntius', der sich in Lüttich aufhielt, als eine der Rebellion, der Häresie und des Ungehorsams verdächtige Frau. Ihre Angelegenheit ging von der Kongregation der Propaganda Fide an die Inquisition über. Diese erließ den Befehl zur Einkerkerung, der sich mit einem letzten Hilferuf Maria Wards an den Papst kreuzte.
Am 7. Februar 1631 führte Golla, Dekan der Frauenkirche München, die Institutsgründerin in ihre Haftzelle im Angerkloster bei den Klarissen. Sie setzte

Das Paradeiserhaus in München, Wohnung der Englischen Fräulein von 1627–1691

 Der Brand im Elternhaus Mulwith, 4. Tafel des sog. Gemalten Lebens, 17. Jh., Institut Augs

Alß Anno 1595 da Maria in den 11ten:
jahr ihres alterß war, ist an vnser lieben
frawen Verkündigung ein grosse brunst in
ihres Herrn Vattern schloß, alß Mollwoch
genandt endtstanden, sie aber vnerschrocken ist in
Zimmer blieben, vndt den rosenkhrantz mit ihren
freülen schwestern gebett, biß er kommen vndt sie
weck geführet:

dem keinen Widerstand entgegen; der weltliche Arm brauchte nicht einzugreifen. Ohne Empörung, aber tief getroffen ließ Maria sich abführen. Unter dem Verdacht der Häresie, des Schismas, der Rebellion zu stehen, war für diese wahre Tochter der Kirche das größte Leid. Auch in den neun einsamen Wochen ihrer Haft blieb sie eine standhafte Frau ohne Groll. Dekan Golla hatte den Gefährtinnen erlaubt, der Gefangenen zweimal am Tag die Speisen zu bringen. Damit gab es eine Verbindung zwischen ihr und den Gefährtinnen im Paradeiserhaus an der Weinstraße. Von den englischen Gefängnissen her kannten die Frauen das Verfahren, mit Zitronensaft zu schreiben, den das Papier sofort aufsaugt. Erst vor dem Feuer wird die Schrift wieder sichtbar. Was Maria Ward erhielt, mußte sie verbrennen; es war ihr ja kein Verkehr mit der Außenwelt erlaubt. Die Gefährtinnen aber bewahrten eine Reihe von Briefen aus dem Angerkloster auf, die heute ein kostbarer Schatz für die Kenntnis Maria Wards in diesen schweren Wochen sind.

Die Gefangene gab Anweisungen für Schreiben an die römische Kurie, für die Erhaltung der guten Beziehungen zum Kurfürsten und seiner Gemahlin, für das tägliche Leben der Schwestern. In den ersten Wochen entbehrte Maria die tägliche Teilnahme an der heiligen Messe, was ihr dann erlaubt wurde. Von Anfang an beschäftigte sie die Frage, ob sie nach Rom zitiert werde. Dieser Maßnahme sah sie ohne Angst entgegen: „Das wird vielleicht das Beste für uns sein.“ Sie erfuhr dann auch, sie müsse sich unter strengen Bedingungen nach Rom begeben; die Vorschriften wurden auf Gollas Fürsprache gemildert. Maria war bereit zu kommen.

Sie litt unter den starken Schmerzen ihres Steinleidens. Dennoch konnte sie ihren Gefährtinnen schreiben: „Noch habe ich viel Gesundheit und Kraft für meinen Herrn und Meister und in seinem Dienst ... wer weiß, was Gott mit diesen Ereignissen alles vorhat? Wirklich, weder sie [die das bewirkt haben] wissen es, noch ich weiß es; ich will es auch nicht wissen und keinen anderen Willen haben als den seinen ... seid heiter und zweifelt nicht an unserem Meister.“

Gegen Ende März wurde ihre Krankheit lebensbedrohend. Man glaubte ihr Ende gekommen. Um zu den Sterbesakramenten zugelassen zu werden, sollte sie ein ihr vorgelegtes Schriftstück unterschreiben. Da sich der Wortlaut nach ihrer Meinung als Widerruf hätte deuten lassen, verfaßte sie ein eigenes Schreiben. Darin versicherte sie erneut ihre Treue zu Papst und Kirche. Auch verteidigte sie ihre Unschuld, ohne auch nur einen leisen Vorwurf wegen der erlittenen Demütigung vorzubringen. Es fehlte auch nicht die Zuversicht in die Hoffnung auf Gottes Barmherzigkeit und die Güte des Heiligen Vaters, die sich zur rechten Zeit und am rechten Ort zeigen würden. Sie empfing die Sterbesakramente und ihre Gefährtinnen kamen zum Abschied zum Angerkloster: Man trug die Kranke zum vergitterten Eingangstor hinab. Wieder hatte sie für ihre Schwestern ein Wort der Ermutigung; sie sagte ihnen auch, sie sollten keinen Groll gegen die haben, die das alles bewirkt hätten, sondern ihnen voll und ganz verzeihen und für sie beten. Zur Verwunderung des Arztes gelang es Maria, sich wieder zu erholen. Am 14. April kehrte sie in das Paradeiserhaus zurück.

Angerkloster in München, Kupferstich von Michael Zettler, 17. Jh.

Die Bulle Urbans VIII. und die dritte Romreise

Am 13. Januar 1631 unterzeichnete Urban VIII. die Aufhebungsbulle „Pastoralis Romani Pontificiis". Nun konnte kein Zweifel mehr daran bestehen, daß der Papst sein Urteil gefällt hatte. Das außerordentlich strenge Schreiben verweist zunächst auf frühere Konzilsbeschlüsse und Ordensaufhebungen. Nach den Schuldvorwürfen gegen die Beklagten folgt die Erklärung der Aufhebung des Instituts mit den Einzelbestimmungen. Das Dokument fand in vielen Ländern eifrige Leser. Ordensgemeinschaften, die einen ähnlichen Weg wie Maria Ward eingeschlagen hatten – es gab davon eine ganze Anzahl –, bangten vor einem ähnlichen Schicksal. Warum schlug diese Bulle so strenge Töne an? Gewiß hatten auch die Lütticher Berichte einen Einfluß auf diese harte Linie. Vor allem aber sollten die katholischen Fürsten von einer weiteren Förderung des Instituts abgeschreckt werden, ohne sie unmittelbar zu treffen, oder zu nennen. Ohne Zweifel spielte auch die Verwirrung eine Rolle, die in Rom seit 1629 über die „Jesuitinnen" herrschte; erst in diesem Jahr hatte man an der Kurie erfahren, daß es außer den Engländerinnen auch in Belgien und am

Rhein „Jesuitinnen“ gab, die nicht zu Maria Ward gehörten. Das römische Bild, das die päpstliche Bulle von den Jesuitinnen zeichnete, deckte sich nicht mit den Auffassungen und Lebensverhältnissen der Töchter der Engländerin. Wahrscheinlich war trotz aller Eingaben und Verhandlungen der Gründerin die Information unzureichend geblieben; vielleicht wurde manches auch nicht ernstgenommen; zudem waren die Verhältnisse nördlich der Alpen in Rom nicht klar.
Maria Ward und ihre Gefährtinnen waren getroffen und in der Kirche bloßgestellt. Sie unterwarfen sich dem Wort des Papstes, ließen von ihrem Institut ab und nahmen die Schmach auf sich. Den kanonistischen Standpunkt der römischen Kurie konnten sie kaum verstehen. Daß Maria Ward die Prüfung ertrug, ohne an der Kirche und deren Oberhaupt irre zu werden, war ihrem starken Glauben an den Felsen Petri zu danken. Unzureichende Kenntnis bestand auf beiden Seiten: Maria Ward konnte die Verfassung ihres Instituts nicht entsprechend den geltenden Ordensvorschriften einrichten; die römische Kurie konnte nicht absehen, was das Anliegen der Gründerin für die Kirche bedeutete.
Die vielfachen Verhandlungen, vor allem die Beweise der Fügsamkeit Maria Wards und ihrer Gefährtinnen hatten das römische Klima verbessert. Von einer Begleitung der nach Rom zitierten Frau durch einen Kommissar war nicht mehr die Rede. Nach dem 20. Oktober 1631 trat Maria Ward ihre dritte Romreise an. Sie kam zunächst nur bis Bologna. Dort war der Kirchenstaat wegen der Pest gesperrt. Sie bat auf schriftlichem Wege in Rom um einen Paß, ohne den sie nicht weiterreisen durfte. Wegen der Gefahr einer Verschleppung der Krankheit riegelten sich die einzelnen Staaten in Italien rigoros ab. Vor allem erließ Urban VIII. strenge Vorschriften, um der Seuche Einhalt zu gebieten. Ein eigenmächtiges Überschreiten der Grenzen des Kirchenstaates konnte mit dem Tod bestraft werden. Aus dem erbetenen Beglaubigungsschreiben mußte hervorgehen, daß die Reisende aus Ländern kam, die von der Pest verschont geblieben waren. Was mag es für die Ausländerin und ihre Begleiterin bedeutet haben, zwei Monate im Ungewissen auf die Erlaubnis zur Reise zu warten und dabei befürchten zu müssen, zur vorgeschriebenen Zeit nicht in Rom erscheinen zu können! Schließlich traf der Paß ein, und der Termin war verlängert. Maria kam wieder nach Rom.

Die letzten römischen Jahre

Aus den ersten Monaten in der Stadt des Papstes sind wenige Nachrichten erhalten, aber solche, die zu den Marksteinen auf dem Lebensweg Marias gehören: die Audienz bei Urban VIII. und der Freispruch von Glaubensirrtümern. Wahrscheinlich erwartete Maria Ward, die sich keiner Schuld bewußt war, in aller Form verhört zu werden und das Urteil zu erfahren. Doch nach allen Akten, die vorliegen, fand kein feierlicher Prozeß statt. Den ältesten Lebensbeschreibungen ist zu entnehmen, daß Maria Ward von den Kardinälen mit Freundlichkeit aufgenommen wurde. Und Urban VIII. empfing sie in Audienz.

Wie große Hoffnungen sie nach den enttäuschenden Erlebnissen an die Begegnung mit dem Papst knüpfte, kann man sich vorstellen. Nach der englischen und der italienischen Lebensbeschreibung erklärte sie vor Urban VIII.: „Heiliger Vater, weder bin ich, noch war ich eine Häretikerin gewesen." Die Worte, zusammen mit dem Eindruck der Persönlichkeit dieser Frau mögen Urbans Herz berührt haben. Er hinderte sie, weiterzusprechen und ergriff selbst das Wort: „Wir glauben es, wir glauben es. Wir und alle Kardinäle sind nicht nur befriedigt, sondern auch erbaut über Ihren Gehorsam. Wir wissen, daß Sie auf fromme Weise ihr Institut geführt haben, bis wir es anders wollten; dann leisteten Sie sofort Gehorsam, was uns erbaute."
In der Tat konnten plötzliche Gefühlsregungen merkliche Schwankungen in den Entscheidungen dieses Papstes bewirken. Die wandelbare, den Einflüssen des Augenblicks unterworfene Mentalität Urbans VIII. mag der Engländerin im Grund immer fremd geblieben sein. Sooft sie dem Papst begegnete, spürte sie die Freundlichkeit des Augenblicks, und in dieser glaubte sie seine wahre Gesinnung zu erkennen. Das andere Gesicht Urbans VIII. konnte sie kaum mit der Liebenswürdigkeit bei den Audienzen in Einklang bringen. So ist es verständlich, daß sie stets frische Hoffnung auf eine neue Begegnung mit dem Papst setzen konnte.

Andenken an Maria Ward, Institut Altötting

Inmitten menschlicher Unzulänglichkeiten erreichte Maria Ward in der römischen Zeit viel. Das Heilige Offizium reinigte sie von den Glaubensverdächtigungen. Sie durfte mit den verbliebenen Gefährtinnen in Rom zusammenwohnen, was einer Vorschrift der Aufhebungsbulle widersprach. Auch konnte sie in der päpstlichen Stadt ein Haus erwerben. Aber sie mußte in Rom unter den Augen der Inquisition leben und durfte die Stadt ohne besondere Erlaubnis nicht verlassen. Dennoch darf man sagen, daß sie mehr erreichte, als zunächst zu hoffen war. Was aber über Maria Ward und die Gefährtinnen hereingebrochen war, konnte nicht mehr aus der Welt geschafft werden. Ein verleumdeter Einzelmensch kommt ja auch trotz eines Freispruchs nie wieder ganz zu Ehren.

Neben den römischen Sorgen vergaß Maria nicht jenes Haus, das sie immer als die verheißungsvollste Gründung angesehen hatte: das Paradeiserhaus in München. Die Gefährtinnen hatten dort schwere Zeiten durchzustehen. Die Schweden überfielen die bayerische Residenzstadt, der Kurfürst befand sich im Krieg, die Kurfürstin war nach Braunau gebracht worden. Die Leute des Hofes, Bürger, Ordensmänner und -frauen flohen aus München. Maria riet ihren Schwestern, nach Hall in Tirol zu gehen, falls sie München verlassen müßten, sei es wegen der Ausweisung aus dem Paradeiserhaus oder wegen der Flucht vor dem Schwedenkrieg. Offenbar aber kamen den Frauen gerade die Kriegswirren zu Hilfe. Sie wurden nicht verjagt. Schließlich setzte auch noch die Pest München in Schrecken.

In dieser Notzeit erfuhren die tapferen Frauen im Paradeiserhaus wiederholt die Unterstützung Maximilians I., der ihnen Geld zusandte, „für ihren Abzug", „für ihren besseren Unterhalt"; 1633 ließ der Kurfürst den englischen Jungfrauen „die an Lebensmitteln großen Mangel haben ... etwas an Getreide, Fleisch, Schmalz und an anderem im Wert von 50 Talern kaufen". Jedes Jahr traf eine Hilfe vom Hof ein.

Als der Souverän den Frauen einen Umzug vorschlug, damit dem römischen Befehl Genüge getan sei, antwortete die Verantwortliche des Paradeiserhauses, Winefried Bedingfield, die Zahl der Gefährtinnen sei in Rom auf 23 gestiegen, so daß auch die wenigen Münchener Frauen dort keine Aufnahme mehr finden könnten. Mutig bot sie dem Kurfürsten die Dienste ihrer Gemeinschaft für die Mädchenerziehung an. Diesem Anliegen verschloß sich Maximilian I. nicht, zumal die Bulle die Erziehungsaufgabe nicht berührt hatte. Am 1. Dezember 1635 gewährte er den Gefährtinnen als privaten Personen die Fortsetzung des Unterrichts für die Mädchen in München. Sicher brachte diese Erlaubnis einen Lichtblick in die sonst trost- und aussichtslose Situation des aufgelösten Instituts.

Nach den Dokumenten, vor allem ihren eigenen Briefen, hat es den Anschein, als ob sich Maria Ward in den ersten römischen Jahren ihrer heiklen Lage in Rom, dessen Stadtgrenzen sie nicht überschreiten durfte, kaum bewußt war. In einem Brief von 1632 an ihre Gefährtinnen in München erwähnt sie einen Plan, zu ihnen zu kommen. Im Jahre 1633 dachte sie an eine Reise

nach England. Große Reisen schreckten ja die kühne Wanderin nicht ab, obwohl ihre Gesundheit erschüttert war. In einem Brief der Sekretärin Elizabeth Cotton von 1633 ist zu lesen, daß sich der Arzt nicht erklären könne, wie Maria Ward überhaupt weiterlebe. Aber ihre Energie hielt sie hoch: Cotton schrieb: „Und noch lebt sie und wird leben." Im gleichen Jahr machte sie eine Wasserkur in Anticoli, dem heutigen Fiuggi. Wie eng sie an Rom gebunden war, erfuhr sie 1634. Sie wollte zur Wasserkur nach San Casciano dei Bagni in Umbrien reisen und bat um die päpstliche Erlaubnis. Da erschien in ihrem Haus, nahe der Basilika Sta. Maria Maggiore, im Auftrag des Papstes der Prälat Boccabella, der ihr mitteilte, daß sie Rom nicht verlassen dürfe. Die Nachricht muß die ihrer Bewegungsfreiheit beraubte Engländerin zutiefst erregt haben: „Bin ich denn eine Gefangene?" So fragte sie den Besucher. Dieser versicherte sie ihrer Freiheit und der väterlichen Liebe des Papstes, es bestehe kein Verdacht gegen sie. Aufs neue mußte sie sich in ihrer Ehre bedroht fühlen. Doch erhielt sie schließlich die Erlaubnis zu der Badereise. In San Casciano bemerkte sie bald, daß sie unter Überwachung stand. Darüber erschrak besonders ihre Gefährtin; Maria selbst bewahrte ihre innere und äußere Ruhe. „Fürchte dich nicht, Gott wird uns helfen. Beten wir zu seinem Schutzengel, daß er ihn nichts anderes sagen lasse als die Wahrheit." Vor der Wahrheit fürchtete sich Maria nie. Aber die Kontrollen empfand sie als sehr schmerzlich. Wie sollte sie das Mißtrauen aus der Welt schaffen, das in Rom gegen sie bestand? In den Monaten in Umbrien erfuhr sie in reichem Maß Gottes Schutz und Hilfe.
Nach ihrer Rückkehr im November 1634 wurde ihr wieder eine Audienz bei Urban VIII. gewährt. Sie brachte ihre Sorgen vor und fragte den Papst, was sie noch tun solle, um ihn von ihrer Treue gegen Seine Heiligkeit und die Kirche zu überzeugen; warum man Leben, Ehre und Freiheit, die höchsten Güter des Menschen, bestechlichen Leuten preisgebe. Wieder fand der Papst beruhigende Worte: Solches werde nie wieder vorkommen, niemand dürfe sie in Zukunft bei ihm anschwärzen. Die Sätze finden sich in den ersten Lebensbeschreibungen, die von der Begleiterin Maria Wards stammen, deutlicher in der italienischen Vita als in der englischen, und die italienische Vita wurde ja in Rom weitergegeben. Jedenfalls hatte das gesamte Verfahren die geprüfte Frau zutiefst verletzt. Aber ihre Treue zur Kirche war nicht erschüttert. Offenbar hatte Maria keinen Einblick in die Art des Vorgehens der Inquisition, die für jene, welche einmal diesem Tribunal übergeben waren, fortdauerte. Das Jahr 1634 hatte einen neuen Beweis für Marias Unterwerfung unter die Auflagen gebracht. Sie hatte in San Casciano dei Bagni keine der erhaltenen Einladungen angenommen, um jeden Anstoß zu vermeiden. Gerade von der Begegnung mit dem früheren Wiener Nuntius, Kardinal Pallotta, in Caldarola, hätte sie sich eine Hilfe versprechen können. Auch die Pilgerfahrt nach Loreto unterblieb.
Nun war sie wieder in Rom. Auch als kranke Frau überwanden ihre Tapferkeit und ihre geistige Stärke alle Hindernisse, denen sie begegnete. Nie fehlte

in den Briefen an die Gefährtinnen eine Aufmunterung; es waren kurze Worte von echt englischem Klang. Öfters ist zu lesen: „Be merry, sei heiter." Maria selbst liebte die Fröhlichkeit, nicht die laute, sondern die, welche aus dem Frieden des Herzens kommt. Trotz trostloser Ereignisse blieb sie nie dem Negativen verhaftet. Es gibt keine Phase in ihrem Leben, in der auf längere Zeit ein Jammer die Oberhand gewonnen hätte; das traf ja nicht einmal für ihre Gefangenschaft zu.

Vom März 1636 ist eine letzte geistliche Aufzeichnung erhalten, die ihren inneren Frieden verrät. Wie in einem Dankgebet faßt sie ihr Leben zusammen und bewundert „Gottes geordnete Taten". Das Gebet ist eine dreifache Lobpreisung Gottes, der erfüllt, was er verheißt. Mitten in der Not spricht sie ihren Dank aus. Selbst in widrigen Verhältnissen vertraut sie auf Gottes Hilfe und bleibt nicht ohne Erhörung. Gott hat „geordnet", „gesprochen", „gezeigt", wie es in dem kurz gefaßten Gebet heißt. Alles ist gut geworden. In echt englischer Art, die oft *common sense* genannt wird, fand sich Maria in gesunden und kranken Tagen immer zurecht. 1633 hatte sie einmal geschrieben: „Geduld ist das Heilmittel, es gibt kein anderes." Daß sie den schweren Anforderungen ihres Lebens gewachsen blieb, kam aus anderen Tiefen. Die Gottverbundenheit gab ihr die Kraft, die jeweilige Lage zu meistern, den Anforderungen gerecht zu werden und das Leid zu ertragen.

Im Dezember 1636 verschlechterte sich ihre Gesundheit. Ein Aufenthalt in Nettuno brachte keine merkliche Besserung. Am 30. Juli 1637 reichte man ihr die Sterbesakramente. Der Papst, der ihr in diesen Jahren manche Unterstützung zukommen ließ, sandte seinen Bruder, Kardinal Sant' Onofrio, wie er nach seiner Titelkirche benannt wurde, und auch seine Schwägerin, Donna Costanza Barberini, mit der Maria Ward befreundet war, in die Wohnung der Engländerinnen. Das Fieber ging wieder zurück, aber die Nierensteine quälten die Kranke, die kaum essen und schlafen konnte. Sie sprach den Wunsch aus, eine Kur in Spa zu machen. Die Erlaubnis wurde eingeholt. Maria Ward konnte nicht mehr zur Audienz gehen. Aber ihre Begleiterinnen wurden vom Papst empfangen. Bei dieser Gelegenheit soll Urban VIII. Maria Ward „eine große und heilige Dienerin Gottes" genannt haben. Der Kardinalstaatssekretär bat die Nuntien in Turin und Paris, den reisenden Frauen in aller Freundlichkeit entgegenzukommen, falls sie der Hilfe bedürften. Am 10. September 1637 verließ Maria die Ewige Stadt und zog über Siena, Mailand und Lyon nach Paris und von da weiter nach Lüttich und Spa. Auch die früheren Reisen hatten der Gründerin enorme Strapazen auferlegt. Aber dieser weite Weg verlangte der Kranken noch weit mehr ab. Doch auch jetzt war der Auftrag, den sie von Gott erhalten zu haben glaubte, lebendig.

Mary Poyntz, Gefährtin und erste Biographin Maria Wards, † 1667 in Augsburg ▷

Auf dieser letzten Reise führte ihr Weg durch Landstriche, die vom Dreißigjährigen Krieg heimgesucht waren. Keine Klage über die Gefahren, denen auch die kleine Gruppe Maria Wards ausgesetzt war, wurde laut. Auch die Monate in Lüttich und den Spanischen Niederlanden gaben Anlaß zum Kummer. Die Gründerin suchte Unterstützung beim Kurfürsten Erzbischof Ferdinand von Köln. Was sie eigentlich erreichen wollte und ob ihr Hilfe zuteil wurde, ist nirgends mitgeteilt. Jedenfalls hatte sie Mary Poyntz nach Bonn zum Kurfürsten geschickt; sie ging wohl auch selbst noch zu ihm.

Die letzten Jahre in der Heimat

Am 20. Mai 1639 erreichte Maria Ward England, das sie 33 Jahre zuvor zum erstenmal verlassen und seit zwanzig Jahren nicht mehr gesehen hatte. Sie ließ sich in London nieder, bis der Bürgerkrieg ausbrach. Ist es nicht unglaublich, daß sie vorhatte, in der schon destabilisierten Stadt eine Schule zu eröffnen? Sie schrieb darüber nach Rom und bemerkte, dies könne nicht ohne ein Wunder geschehen. Das Wunder blieb aus. Im September 1642 floh Maria vor dem Tumult des Bürgerkriegs in London nach Yorkshire. Aber auch dorthin kamen die Parlamentarischen Truppen. Im belagerten York suchten viele Menschen Trost und Hilfe bei dieser Frau, von der Beruhigung und Güte ausgingen. Das war nichts Neues in Marias alten Tagen. Die Zuwendung zum Menschen gehörte in ihr ganzes Leben. Eine große Liebenswürdigkeit muß ihr eigen gewesen sein, die die Herzen gewann. Mary Poyntz schreibt in der Vita, sie habe für ihre Schutzempfohlenen, nicht nur für die Gefährtinnen, mit der Liebe einer Mutter gesorgt; auch die Diener hätten die Wohltat ihrer Nähe und Güte gefühlt. Besonders schloß Maria die Armen ins Herz. Sie sollten in ihren Häusern immer mit Höflichkeit und Güte behandelt werden. Das Geschirr für sie mußte so rein sein wie für Maria selbst. Sie erlaubte auch nicht, daß mehrere Gerichte für die Armen auf einem Teller zusammengeschüttet würden. In der Zuwendung für die Armen sah sie in besonderer Weise einen Dienst an Jesus Christus. Sie selbst hatte schließlich viel Leid und Not in ihrem Leben erlitten. Ein Beispiel aus früherer Zeit belegt, wie großzügig sie ohne Rücksicht auf die eigene Armut Bedürftigen zu helfen versuchte. Als ihre Niederlassung in Neapel noch bestand, lieh sie einem Kaufmann in Not eine Summe. Später drängte man sie, das Geld zurückzufordern, da sie selbst es brauchte; um aber jene Familie nicht einer großen Verlegenheit auszusetzen, ging Maria nicht darauf ein. Ihre Erklärung an die Gefährtinnen lautete: „Wir müssen unser Leben für die Seele des Nächsten, unsere Güter für sein Leben geben, nicht nur den Überfluß, sondern auch, was wir selbst nötig haben."

Nachdem York von den Parlamentariern eingenommen worden war, konnte Maria Ward in ihr Haus nahe bei York, heute innerhalb des Stadtbezirks, zurückkehren. Ihre Lebenskraft war erschöpft. Als ihr Ende näher kam, fragte eine der Gefährtinnen: „Was soll aus uns werden?" Aus innerer Gewißheit kam die Antwort: „Ich bin sicher, daß Gott mir und den Meinigen beistehen

wird, wo immer wir sind." Mary Poyntz sagte zu Maria, wenn sie stürbe, wollten sie ihre Sachen zusammenraffen und zu den Heiden gehen. Diesem Vorhaben konnte die kranke Frau nicht zustimmen; sie sollten, so erwiderte sie, ihre Liebe erweisen, „indem sie unseren Handel voranbringen"; das verwies die Frauen doch ohne Zweifel auf das römische Anliegen, dem sie auch in Zukunft ihre Aufmerksamkeit widmen sollten. Deswegen hatte Maria in Rom ein Haus erworben und einer der Schwestern, Barbara Babthorpe, die Sorge für die verbliebenen Gefährtinnen übertragen. Was Gott Maria aufgetragen hatte, ging mit ihr in die Ewigkeit.
Ihr Ende vor Augen faßte die Sterbende ihr Anliegen an die Gefährtinnen in den Dreiklang zusammen, den sie selbst gelebt hatte: Sie sollten ihre Berufung in beharrlicher Treue, in fruchtbarer Wirksamkeit und in Liebe leben. Dann war ihre lange Pilgerfahrt zu Ende. Sie starb am 30. Januar 1645.
Maria Ward war zeitlebens unterwegs gewesen, wie kaum eine andere Frau ihres Jahrhunderts, mehr auf den Füßen als in den schlecht gefederten Wagen, die auf den holprigen Wegen hinrasselten. Sie verkehrte zwischen York im Norden und Neapel im Süden, zwischen Wien im Osten und Paris im Westen: Die Wege lassen sich in ein schräg gelegtes Kreuz einfangen.
Der innere Weg hatte ebenfalls große Ausmaße. Zu bewundern ist das jederzeit zur Versöhnung bereite Herz dieser starken Frau, die die Kraft hatte, der Kirche die volle Treue zu halten und dem Auftrag treu zu bleiben, den von Gott erhalten zu haben sie sicher war. Diese innere Festigkeit öffnete den Weg in die Zukunft. Sie konnte die Worte ihres Zeitgenossen, des englischen Märtyrers Edmund Campion, wiederholen, die er zu den Lords des Königlichen Rates gesprochen hat: „The expense is reckoned, the enterprise has begun; it is of God, it cannot be withstood. Der Preis ist schon berechnet. Das Unternehmen hat begonnen; es kommt von Gott, ihm kann man nicht widerstehen" (in: E. Waugh, Edmund Campion, London 1952, S. 212).

Die Zukunft des Instituts

Maria hatte immer auf ein besseres Morgen gehofft. Trotz des Verlustes ihres Lebenswerks war sie davon überzeugt, keiner Täuschung erlegen zu sein, und deshalb ließ sie sich auch durch das Fiasko ihrer Gemeinschaft nicht entmutigen. Was sie den Gefährtinnen als Vermächtnis mit auf den Weg gab, ihrer Berufung treu zu bleiben, das war Auftrag für die Zukunft. Und es gab eine Zukunft. Nur wenige Gefährtinnen waren Maria treu geblieben, aber diese waren von ihrer Mission durchdrungen; sie hatten erfahren, wer diese Maria Ward war. Sie versanken nicht in hoffnungsloser Trauer, sondern setzten jene Bewegung fort, in die sie mit Maria eingetreten waren. Zunächst lebten die paar Frauen, die um das Sterbebett der Gründerin versammelt waren, noch etliche Jahre in York, bis der loyale Zirkel 1650 nach Paris zog. Es gab auch an anderen Orten kleine Keimzellen der treuen Schar: in Rom, in München, wohl auch in England. Es ist merkwürdig, daß sich beispielsweise dem Münchener Paradeiserhaus immer wieder junge Leute anschlossen, Engländerinnen und Deutsche.

Die Gemeinschaften konnten sich zunächst auf keinen kirchlichen Rückhalt berufen. Zwar empfing der Augsburger Bischof Christoph von Freiberg Mary Poyntz, die Gründerin des Augsburger Hauses, mit Freundlichkeit. Aber die ersten fünfzig Jahre nach der Aufhebung waren die ,,Englischen Jungfrauen", wie sie hießen, ohne jeden kirchlichen Schutz. Unter dem Dach der Kirche hatte ihre Gemeinschaft keinen Platz. Die erste Wende trat 1680 ein, als der Augsburger Bischof die dortige Niederlassung und der Freisinger Bischof das Paradeiserhaus in München unter ihren Schutz stellten. Außerordentlich wichtig war die fortdauernde Anteilnahme des Wittelsbacher Hauses. Mit Empfehlungen der genannten Bischöfe und des Herrscherhauses brachten die Frauen den Mut auf, 1694 ein weiteres Mal in Rom um die Bestätigung des Instituts und seiner Konstitutionen zu bitten. Unter Berufung auf die Bulle Urbans VIII. wurde das Gesuch abgeschlagen. Die Begründung lautete: ,,Es sind die Jesuitinnen, die Urban VIII. aufgehoben hat." Schließlich kam doch noch ein Trostpreis zustande, die Billigung von 81 Regeln im Jahre 1703. Allerdings hieß es ausdrücklich im Breve, daß damit keine Anerkennung des Instituts verbunden sei. Doch die Frauen hatten nun ein erstes römisches Schreiben mit positivem Tenor erhalten. Im Interesse der schulischen Tätigkeit kamen neue Gründungen zustande: 1683 die Burghausener Niederlassung in der Salzburger Diözese, 1686 ließen sich trotz trüber Aussichten in England die Töchter Maria Wards in York nieder. In Mindelheim wurde 1701 ein Haus gegründet dank dem Sohn Maximilians I. und seiner Gemahlin Mauritia Febronia. 1706 wurde eine Niederlassung in St. Pölten eröffnet. Der Radius von Maria Wards Institut erweiterte sich.

Zum ersten Mal wurde 1698 eine Oberstvorsteherin gewählt; zuvor hatte jeweils die amtierende Verantwortliche einer anderen Gefährtin die Sorge für die Getreuen anvertraut.

Diese ,,Oberstvorsteherin", wie man die Leiterinnen bis zur kirchlichen Anerkennung einer Generaloberin nannte, gab dem Institut auch einen Namen. Der von Maria Ward gewünschte Titel ,,Gesellschaft Jesu" war nicht möglich, weder vor noch nach der Bulle. Die Bezeichnung ,,Englische Jungfrauen", die dann zu ,,Englische Fräulein" sich verwandelte, erwies sich als unbefriedigend. Die neue Oberstvorsteherin gab dem Werk Maria Wards den Namen ,,Institut Maria". Seit Mitte des 18. Jahrhunderts hieß es ,,Institut St. Maria".

Das Andenken an die Gründerin wurde auch in den neuen Niederlassungen, in Bamberg und Krems, Altötting, Meran, Brixen und Fulda wachgehalten. Dann brach über das Institut, das immer noch der vollen kirchlichen Sicherheit durch eine römische Bestätigung entbehrte, der sogenannte Jurisdiktionsstreit herein. Die 1743 gewählte Oberstvorsteherin Franziska Hauser wohnte, wie ihre Vorgängerinnen seit dem Beginn des 18. Jahrhunderts, im

Maria Ward, Holzplastik von M. Bernhardine Weber, 1957,
Institutskirche München-Nymphenburg ▷

Neubau des Paradeiserhauses München, Niederlassung der Englischen Fräulein von 1695–1809

Paradeiserhaus München. Das mißfiel dem damaligen Augsburger Bischof Joseph von Hessen-Darmstadt, der die zwei Niederlassungen seiner Diözese, Augsburg und Mindelheim, nicht unter der Leitung einer Vorgesetzten außerhalb seiner eigenen Diözese wissen wollte. In den Streit wurde auch Maria Ward selbst einbezogen, weil die Partei des Bischofs Anstoß nahm an einer Verehrung, die offiziell von der Kirche als unrechtmäßig erklärt worden war. Franziska Hauser, zuerst Mitglied des Augsburger Hauses, dann die Gründungsoberin der Meraner Niederlassung, wurde zur Oberstvorsteherin gewählt, als sie noch in Meran weilte. Die Augsburger Streitigkeiten brachten die tüchtige Frau in große Not. Wieder kam das Haus Wittelsbach zu Hilfe. Die Angelegenheit ging zur Entscheidung an den Papst. Benedikt XIV. faßte in der Konstitution „Quamvis iusto" 1749 zwei für die Zukunft des Instituts weitreichende Beschlüsse. Entgegen den Wünschen des Augsburger Bischofs sprach er sich für das Amt der Generaloberin aus, der die Häuser des Instituts in den verschiedenen Diözesen unterstehen sollten. Franziska Hauser war die erste Frau, die den Titel mit vollem Recht trug. Doch aus Rücksicht auf die Aufhebung seines Vorgängers, Urbans VIII., sah Benedikt XIV. keinen anderen Weg als das Verbot, Maria Ward als Gründerin zu bezeichnen. Wieder hatte diese den Preis für den Weg in die Zukunft zu zahlen. Die harte Auflage

hatte ungünstige Folgen, obwohl sich der Tätigkeitsbereich des Instituts zusehends erweiterte, im 19. Jahrhundert bis Rumänien und Indien. Vergessen wurde die Gründerin nicht völlig, aber es wurde von ihr kaum vernehmlich gesprochen. Die Schwestern kamen in Verlegenheit, wenn sie gefragt wurden, wer denn das ganze Werk begonnen habe.

In der zweiten Hälfte des 19. Jahrhunderts schlossen sich Priester in England zu einer Maria-Ward-Bewegung zusammen, der sich die englischen Schwestern und allmählich auch die in Deutschland anschlossen. Es ging um die Wiedereinsetzung Maria Wards als Gründerin der Gemeinschaft. Dieses neue Leben brachte dann auch die Anerkennung des Instituts durch die Kirche; die Bestätigung wurde 1877 von der Propagandakongregation gewährt, der England noch unterstand. Mit vereinten Kräften der Hierarchie von England und Deutschland und aller Schwestern ging die Bitte um die Wiedererlangung der Gründerin nach Rom; Papst Pius X. anerkannte 1909 Maria Ward erneut als die Gründerin des Instituts.

Zur Erfüllung des gesamten Maria-Ward-Planes fehlten noch die im Ursprung geplanten Konstitutionen des heiligen Ignatius. Diese erhielt das Institut nach dem Zweiten Vaticanum im Jahre 1978. Inzwischen war das Werk der großen Engländerin weit über Europa hinausgewachsen zu einem internationalen Institut. Maria Ward hatte sich nicht getäuscht, als sie bis in ihren Tod die Hoffnung aufrecht hielt, ihre Gemeinschaft werde wieder zum Leben kommen.

M. Immolata Wetter IBMV

Literatur: M. Catherin Elizabeth Chambers IBMV, Leben der Maria Ward, 2 Bände, Regensburg 1888, 1889; Josef Grisar SJ, Die ersten Anklagen gegen das Institut Maria Wards 1622, Misc. Hist. Pont. XXII, Rom 1959; ders., Maria Wards Institut vor römischen Kongregationen, Misc. Hist. Pont. XXVII, Rom 1966; Mathilde Köhler, Maria Ward. Ein Frauenschicksal des 17. Jahrhunderts, München 1984; M. Immolata Wetter IBMV, Mary Ward. In der Reihe: Große Gestalten des Glaubens, Aschaffenburg 1985; Henriette Peters, Mary Ward. Ihre Persönlichkeit und ihr Institut, Innsbruck/Wien 1991; Georg Schwaiger (Hrsg.), Monachium Sacrum. Festschrift zur 500-Jahr-Feier der Metropolitankirche Zu Unserer Lieben Frau in München, München 1994, Bd. 1, S. 112–115.

Vordere Umschlagseite: *Maria Ward, ca. 1621, Detail aus einem Ölgemälde, Institut Augsburg*

Rückwärtige Umschlagseite: *Reise zum Kontinent 1609/10, Detail aus der 22. Tafel des sog. Gemalten Lebens, 17. Jh., Institut Augsburg*

Fotos: S. 3 Archiv der Autorin; S 13 Verlag Schnell & Steiner, Regensburg/Gregor Peda; S. 14, 15, 19, 30 Archiv des Instituts B. M. V. Regensburg; S. 21 Konrad Greineder, Griesbach; S. 29 Wolf-Christian v. d. Mülbe, München/Dachau; alle übrigen Aufnahmen Foto Tanner, Nesselwang.

Reihe Hagiographie/Ikonographie/Volkskunde 4. Auflage 1996
Bestell-Nr. 40113

Leibnizstraße 13, D-93055 Regensburg
Telefon: 0941/78785-0 · Telefax: 0941/787 85 16
Druck: Erhardi Druck GmbH Regensburg

ISBN 3-7954-8001-9